Tino, le tuagane o lo mā tinā

Tusia e
Jane Va`afusuaga

Tusia ata e
Nanette Lela`ulu

Fa`aliliuina e
Avikaila Sopoitulagi Tilialo

little island press

Na momoli e Uncle Tino, James ma Jessie ma tu`u i le tulimanu o magāala e i luma la`itiiti ane lava o le ā`oga, `ona fa`a`ē`ē leotele lea o le pū o le ta`avale ma alu `ese.

Na fa`anunumi fōliga o le māsaga ma fetilofa`i pō o tilotilo atu se tasi.

"`Ia," na faapea atu ai a James. "Pei `uma lava e le`i iloa mai tā`ua e se isi, i lenei aso."

"Fa`afetai," na tali ai Jessie. "E lē fa`apea fo`i o le ta`avale a Uncle Tino e pito i sili `ona fou, `ā! `Ese ma le fa`amā tagata pe`ā fa`a`ē`ē nei fa`apēlā lana pū."

"Tā fesili iā Tinā pē mafai loa `ona tā savavali i le ā`oga," o le manatu lea o James. "Tā fai i ai o lea e tā te fia fa`amālosi tino."

"Mānaia lau tonu!" na lagolago atu ai Jessie. "`Ae `aua le ta`ua i ai le māfua`aga mo`i, auā e fa`amanatu mai nei fo`i le fa`ato`ā sau o Uncle Tino mai Sāmoa …"

"… i Sāmoa, e fa`a`ē`ē uma pū a tagata!" o le tala lea a James ma mapuea.

Mulimuli ane, `a`o fai meaā`oga a le māsaga, na fesili ai James i lona tinā pē mafai ona sāvavali i le ā`oga.

"`E te fai mai so`o lava e tatau `ona fai ni mā fa`amālosi tino," o lana tala lea.

"`Ia," na fa`aopoopo atu ai Jessie, "toe e mā te savavali fa`atasi lava e saogalēmū ai mā`ua."

"`Ua lelei," o le tali lea a Tinā, "pe `āfai o le mea lenā e te lua manana`o i ai … `ae `ou te iloa e fa`anoanoa nei Uncle Tino. E fiafia lava e momoli `oulua i le ā`oga."

Na toso `ese i fafo e Tinā, mai le `atoā`oga a Jessie se fasi pepa ma`anuminumi, ma tilotilo i ai.

"O le fa`asilasilaga i le `au siva," o le tala lea a
Tinā.

"`Au siva?" na fesili ai Uncle Tino a`o ulufale
mai i totonu o le potu.

"`Ioe," na tali atu ai Tinā. "E mana`omia e le
ā`oga nisi e fesoasoani i le kulupu Sāmoa. O `oe
ā lenā Tino."

Na luelue le ulu o Uncle Tino. "Mānaia fo`i,"
o lana tala lea.

Na fetilofa`i James ma Jessie, o le isi i le isi.
Ua lā iloa lelei lava, e tu`u loa le māfaufau o
Uncle Tino i se mea, e lē mafai lava ona toe
suia.

O le ā`ogā siva muamua, na ta`ita`i e
Mrs Falefā, le faiā`oga o le māsaga, `ae tā e,
Uncle Tino le kītara. Na iloa e Uncle Tino tā
`uma pese ma na pepese leotetele tamaiti.

"Fa`afetai lava, Tino," o le tala lea a Mrs Falefā
`ina `ua `uma le fa`ata`ita`iga. "`Ua mānanaia
atu a tātou pese `ina ua tā i le kītara."

Na `ata`ata Uncle Tino ma fa`apea mai,
"Mea sili lava o le mafai `ona `ou fesoasoani,
Mrs Falefā. `Ou te sau ma la`u pātē i le vaiaso
lea e tā ai le sāsā."

Na vave `ona lauiloa Uncle Tino ma iloa
`uma e tamaiti o le `au siva. Na ia a`oina le
fa`ataupati a tama ma tā so`o se pese i lana
kītara. Na taliē `uma tamaiti `ina `ua siva Uncle
Tino, na o`o lava iā James ma Jessie.

"Seki ā lou uncle, James!" na fai mai ai `Afa.
"Fia iloa lava siva pei o lou uncle."

"Ma`imau pe `ana iloa e lo`u tamā tā le kītara
pei o Uncle Tino," na musumusu atu ai Grace iā
Jessie.

Na toe fa`aopoopo e Mrs Falefā isi a`ogā siva `ona o le koneseti a le ā`oga `e fai i le fa`ai`uga o le tausaga. Na i ai Uncle Tino i fa`ata`ita`iga `uma, ma lana pātē ma lana kītara.

Na momoli i le fale e Uncle Tino, James ma Jessie, `ina `ua `uma ā`ogāmea, i lana ta`avale tuai. Na fa`a`ē`ē le pū ma fa`atōfā tauvala`au solo i tamaiti. Na le`i toe lalafi i lalo James ma Jessie e pei ona iai muamua. Na talotalo ma fa`atōfā fiafia ia lā uō.

Na matuā fiafia James ma Jessie `ina `ua o`o
i le pō o le koneseti!

Na fai le tala a Uncle Tino e alu e piki
muamua lana uō, `ona latou feiloa`i ai lea i le
faletele a le ā`oga. O lea na ō ai le māsaga ma
Tamā ma Tinā i le veni.

Na `ona taunu`u lava o James ma Jessie, sui
loa i ā lā tēuga siva, fa`atasi ma isi tamaiti.

`Ua tau fai sāuni `uma, ma `ua `āmata le
koneseti, `ae `ua le`i taunu`u lava Uncle Tino.
Na `āmata ona polepolevale Jessie.

O le `au siva o le `ā soso`o a`o lenei e le`i
va`aia lava Uncle Tino.

Na fa`afuase`i `ona sosolo ane se ta`avale ma
lona pū leotele, i le nofoaga e paka ai ta`avale a
le ā`oga.

"`Ua sau Uncle Tino!" na tauvala`au ai
tamaiti.

Na tamo`e atu Uncle Tino i totonu o le fale
tele a le ā`oga ma u`u lana kītara. Na u`u atu
e lana uō le pātē. Na fa`atatope e Mrs Falefā
le faiga o le laina a le `au siva e ō ai i luga o le
nofoaga e fa`afiafia ai.

Na talanoa Uncle Tino i lana uō, na luelue le
ulu o lana uō, `ona ia tamo`e loa lea aga`i i le
mea o lo o iai tamaiti ma salu lana kītara.

`Ua `āmata le siva! Na pepese leotetele ma
sisiva fiafia tamaiti, fa`apēnā fo`i James ma
Jessie. Na tiotio ma ma`ai le faiga o tāga o
le fa`ataupati a tama, fa`apēnā fo`i le vavai
mānaia o le faiga o le mā`ulu`ulu a teine,
fa`apei lava ona a`o e Uncle Tino.

Na patipati ma fe`ei fiafia tagata. Na taliē
`uma i le mālie o tāga o le siva a Uncle Tino,
ma taliē atu ai ma James ma Jessie.

Na laulaututū tagata `uma ma patipati a`o ō
`ese tamaiti, `ina `ua fa`ai`uina le latou fiafia.
Na momo`e aga`i i fafo Uncle Tino.

Na tula`i le puleā`oga, ma aga`i atu i luga
o le nofoaga na fai ai le fiafia ma u`u le mea
fa`aleotele leo. "O lo o iai se fiafia fa`apitoa mō
outou i lenei afiafi," o lana fa`asilasilaga lea,
"mulimuli mai ia te a`u, tala`a`ao mai i fafo i
malae netipolo."

Na mulimuli atu i tua o tamaiti, James ma Jessie. Na lē mautonu tagata po`o le ā le mea ua tupu.

Na `āmata taolo le pātē e le uō a Uncle Tino.

Na fa`afuase`i le momo`e atu o Uncle Tino i le malae netipolo, o lo o sulu lona `ie solosolo pu`upu`u. O lona tino `ua `i`ila atoa i le u`u. O lo o ia u`uina se la`au `umi ma o lo o sasao mai ai le afi!

Na taumanuō Uncle Tino, `ona ia si`i lea o
le la`au i luga ma `amata loa `ona `ailao. Ua
fa`ateteleina le leo o le pātē, ua fa`anatinati
le ta`aviliga o le `ailao afi a Uncle Tino, ua ō
fa`atasi ma le mūsika ona vae ma ona lima!

Na matuā lē talitonu James ma Jessie. Ua tilotilo le isi i le isi.

"`Ou te le`i iloa e siva afi Uncle Tino!" na tala ofo ai James.

"Fa`apēnā fo`i a`u!" na faapea atu ai Jessie.

Na togi maualuga e Uncle Tino le lā`au `ailao afi ma toe sapo. Na patipati ma fe`ei tagata `uma.

E le`i `umi ae `uma le fa`afiafiaga a Uncle Tino. Na lia`i e Uncle Tino le lā`au `ailao afi `ae sapo mai e lana uō i le isi itū, `ona tamo`e lea o lana uō aga`i i se pusa o lo o tumu i oneone, o `i`inā e tapē ai le afi.

Na fe`ei fiafia James ma Jessie ma tamomo`e atu fusi Uncle Tino. Na vevela, afu ma namu karasini Uncle Tino ae le`i ano i ai le māsaga.

"`E te sau e momoli ma`ua i le `ā`oga taeao, Uncle Tino?" na fa`atauānau atu ai James.

"Fa`amolemole Uncle!" o le `ai`oi lea a Jessie.

Na fusi mau atu e Uncle Tino, James ma Jessie. Na lā taufai mate, o le "`Ioe!" le tali.

O se faatalanoaga ma le tama siva afi o Zabian Fonoti

O le ā le fa`asamoa o le fire dancing?
E ta`u o le siva afi.

O anafea na `āmata ai `ona e siva afi?
`A`o o`u la`itiiti lava. Na fai mai lo`u
tinā, `ina ua tasi lo`u tausaga, na `ou
tago ai u`u se lā`au ma `āmata `ona
fa`ata`avili. `Ae na `āmata lelei la`u
siva afi `ina ua fitu o`u tausaga, na
fa`ata`ita`i lelei ai la`u `ailao afi ma
le fa`afiafia.

O ai na a`oina lau siva afi?
O lo`u tamā. O ia o se tagata siva afi
lauiloa i Sāmoa.

**E fa`afia ona fai ni faata`ita`iga a se
tasi e fia iloa siva afi?**

Photo supplied by Zabian Fonoti.

E fua lava i le tagata. E `ese`ese `uma tagata —
o isi e lua vaiaso e a`oa`o ai, o isi e lua masina pe sili atu fo`i. O le taimi
muamua lava e te `ailao ai e fa`aogā ou lima e lua, `ona fa`asolosolo
lava lea se`ia o`o `ina e iloa fa`aogā na`o le tasi. E fa`aa`oa`o muamua
na`o le lā`au e lēai se afi, `ae e te fa`atali se`iloga e fai mai lou faiā`oga
ua e lava tāpena, ona fa`aogā loa lea o le afi. `Ae e te le`i siva, e tatau
ona fa`ata`ita`i `ia solo lelei au taga, i lē mānaia i se va`ai.

30

O ā ni mea e mana`omia?

O le igoa sa`o o le siva, o le siva naifi `ailao afi auā e fa`aaogā e le `au sisiva le naifi e fai lona fa`amātau e ta`u o le nifo `oti. E fa`amatatupa `ona o le māfaufau i le saogalēmū, ma e tā`ai itū `uma e lua i solo ona fa`akalasini lea o itū na, `ona tutu loa lea. O se tagata fa`ato`ā `āmata, e `āmata i le naifi e tasi, `ae o le tagata ua leva ona siva, e mafai `ona fa`aaogā fa`amātau e soso`o ai nifo `oti e lua, `ona `ailao lea.

E mafai `ona siva afi teine pe na`o tama?

E siva afi fo`i teine. O nei vaitau ua feoloolo ā teine ma e lelei teine auā e filigā atu nai lō tama.

O ā tēuga e fai?

O le `ie solosolo e sulu fa`apu`upu`u e māsani `ona fai ma le `ulā laufa`i. E mafai fo`i `ona fai se pale laulā`au ma tosi uli foliga i malala.

O fea `ua `ē fa`afiafia ai?

Na amata `ona `ou fa`afiafia i le faletalimālō o Aggie Grey `ina `ua fitu `ea pe valu o`u tausaga. O `i`inā na `ou siva ai i pō fiafia `a le faletalimālō i vaiaso ta`itasi, mō le tele o tausaga. Na `ou siva i isi fo`i faletalimālō i Sāmoa. O le fiafia ia o tagata tafafao e matamata i le siva afi. Ua `ou siva foi i fiafia a`aulotu i Sāmoa ma fa`aipoipoga i Niu Sila.

O ā ni uiga fa`aālia o se tagata e lelei lana siva afi?

- Fīnau
- Lototoa
- Lē fefe. E te mū pe`ā e pala`ai i le afi.

O le ā sau fautuaga mo se isi e fia a`o sana siva afi?

`Ia `auai i se kalapu siva afi ma va`ai se faiā`oga lelei. E mānaia atu pe`ā siva afi fa`atasi ma nisi tagata. `Ia filigā, fa`aeteete, fiafia ma `ia saogalēmū.

Lapata'iga mo le siva afi

* `Aua ne`i a`oina na`o `oe lau siva afi.

* `Ia iai se tagata matua i taimi `uma.

* A`oa`o mai se faiā`oga lelei.

* `Aua le fa`ata`ita`ia ma le afi se`i vaganā `ua fai mai lou
  faiā`oga `ua e lava tāpena.

* `Aua le faia au tēuga siva`a`o tapena mea e mana`omia mō le
  siva.

* `Aua le `ofuina ni lavalava `ō`ō, felea, po`o ni itu`aiga `ie e ono
  televave ai le sasao a le afi.

* Fa`aaogā se kalasini la`itiiti ma fa`aeteete `ia `aua ne`i masa`a
  i ou lima pē pisipisi i lou tino.

* Fa`ata`ita`i i fafo. O le nofoaga lelei lava o tafatafa o se vai
  tā`ele po`o le oneone, e latalata i le sami.

* `Aua ne`i siva latalata i se isi tagata siva. Va`ai le vā ma le
  mamao mai tagata matamata. Vave le `ailao e lē mū ai.

* `A mū, fa`aaogā le vai mālūlū ma le Fesoasoani Muamua.

* Fa`aeteete pe`ā tapē le afi. `Ia iai se isi e fesoasoani iā te `oe.

* Fa`aaogā le oneone ma se solo susū e titina ai le afi.

* Va`ai se tagata matua e fela`ua`ia ma va`aia fa`alelei au naifi.

First published in 2024 by Little Island Press

This story was first published in English by Learning
Media in *The School Journal*, Level 2, October 2012.

Text copyright © 2024 Jane Va`afusuaga
Jane Va`afusuaga asserts her moral right to
be identified as the author of this work.

Illustrations copyright © Nanette Lelaulu 2019

Format copyright © 2024 Little Island Press limited

2024012220838

Published by Little Island Press,
Auckland, New Zealand.

press.littleisland.nz

ISBN 978-1-877484-39-1